N. P. VAN WYK LOUW

Raka

TAFELBERG-UITGEWERS

Tafelberg-Uitgewers Beperk
Waalstraat 28, Kaapstad
Bandontwerp deur G & G
Geset in 11 pt Monotype Plantin,
gelitografeer en gebind deur
Nasionale Boekdrukkery,
Goodwood, Kaap
Eerste uitgawe 1941
Nege en twintigste druk 1977
ISBN 0 624 00152 0

1 *Die Koms van Raka*

Die vroue het hom die eerste gewaar
in die loom namiddag toe die arbeid klaar
was – aan die stampblok, in die jong-groen landerye –
en hulle gedrie, geviere, in dun rye
met kruik en geel, wind-ligte kalbas
op heup en skouer deur die stekerige gras
rustig gestap het na die koel seekoegate
om daar te drentel tot die bruin en laat
skemering en die eerste sterre, met klam sand
en sagte modder om die enkels, in die hand,
om veel te lag en ure te praat,
of skugterig soms een-een uit te waad
deur die taai waterblomme, naak en blink . . .
Raka, die aap-mens, hy wat nie kan dink,
wat swart en donker is, van been en spier
'n lenige boog, en enkeld dier.

Oorkant die water het hy uitgestap
uit die gebreekte riete, en soos 'n kind wat om die grap
van 'n bont kalbassie tandeloos en stil lag.
wit gegryns en, neergehurk, gewag.

Die vroue het sku digter by mekaar
gekruip en oor die stil stroom gestaar:
het hy êrens deur die groot moerasse gekom
waar die ryk waters vlakker óm en óm
in vuil skuim maal en onder die son lê en blink
dagreise breed, en die opdrifsels stink,
verrottend, in die biesies en warm riet?
Hy was geen boorling van dié ruim gebied
van oerwoud en groot groen riviere.
Maar nou het hy met 'n kabbeling in sy spiere

opgerys en oor die grys sand
'n vreemde dans gevoer uit *sy* land:
geil van begeerte, van wilde vlug en vang
en paring en uitskree onder die dwang
van drifte wat geen naam of doel meer ken;
en toe, soos 'n naelloper na die wit lint ren,
die water afgeskiet en weggeraak
waar die bosse ver-weg blou gange maak . . .
maar teruggekom terwyl die vroue nog stil
was van die wonder – een het geril
asof die poele skielik kouer
was tussen die kanette – en oor sy skouer
'n jong bok gedra waarvan die keel
vars uitgeskeur was met 'n hand, en die geel
huid, vol trilling nog, besmeer
met bloed; dié het hy skuwerig neer
laat gly op die sand, oorkant die water,
en vriendelik gelag met oog en tand
en rooi tong soos van 'n hond; daarby
vrugte en neute en soet riet wat hy
met 'n taai afbeur van die takke gepluk
het, of mét die bleek wortels uitgeruk;
maar woorde het hy geen enkele gesê.

Toe het die vroue die geskenke laat lê
en deur die skemerte die paadjie na die kraal
gevat, die kruike op die kop, traag en skraal,
en langer in die dun skemerlig,
gewieg op heup en voet, in lenige ewewig;
maar min gepraat, want elkeen was ontrus
oor die mooi dier en die vreemde lus
wat sy diep in haar hart maar sterk voel roer het
– soos 'n kind wat speel en áfloer
in die oog van 'n droë bron, miskien

swart water en blink paddas sien . . .
sy hart bly ongerus in die son en by die spel
deur die vermoede van 'n vreemde land gekwel –
so 't hulle deur die jong aand uit die riet
opgekom. En dié nag was raaisel en lied
stil rondom die kole, maar laat
was die duister nog lewend en luid van die praat.
Die kinders het sku en wyd-oog gesit
en wakker nog toe die as wit
van die laaste stompe val.
                              Die ander dag
toe die blou visvanger stil was na sy jag
oor die gladde, warm seekoegate,
en klein geslaap het aan 'n takkie oor die water,
het die kinders hom gesien – Raka, die swart dier:
nou 't hy oor die sand vir hulle plesier
gebuitel, soos 'n perd gerol, gegryns, gespring,
met 'n mank dans gehuppel in 'n kring, –
en skielik in die water weggeplas
waar hy glad en vinnig soos 'n otter was.
'n Blink vis het hy uit op die sand gegooi,
lank soos 'n man se skeen en rooi
en geel gevlek bo die wit maag; . . .
maar meer as hul vrees het hy hulle behaag
met sy mal spronge; hulle het gevlug
lag-lag die biesies uit, maar lag-lag trug
gekyk oor hy so snaaks was; en bo in die kraal
met lag en skrik die ding verhaal.
Die manne het daarna sy krag bemerk
aan die tekens van die groot bosse: *sy* werk
moes dit gewees het as die swart buffelbul
wat die bosgange en grasruigtes vul
met hees snuiwe en bulk, smôrens styf
in die voetpad gelê het waar die swaar lyf

in die knieë geknak het; as die krokodil
hoog op die sand uit gelê het en ril
soos 'n klein akkedissie wat die kinders met 'n stok
geslaan het; – of die ou spiesvegter, die gensbok,
oordwars, gebreek, stil tussen die polle was;
– as die vlakvark gelê het in die gras
met sy wit lemme, en sy oë soos 'n vis
se oë styf. Die jagters wis
wat krag was en hulle het gevrees.
Maar in die rooi nag by die wilde fees
met bier en bloed en dans en trom
het elkeen soos vuur aan sy voete voel kom
die nuwe jag –
en blind was die oë, wit van die waan, van 'n nuwe krag
en 'n nuwe dans; en duister woorde
het opgeskuim in 'n vreemd-verstoorde
gesang, soos vuil water wat ópwolk
as die magtige seekoei onder in 'n kolk
sy donker vaart vat . . .

                  Net een was stom
en het ver buite die digte drom
en die rooi glans gestaan in die nag:
Koki, die ratsste op sy voete in die jag,
die slank speler met die spies, hy wat
'n jong bul op sy skuins skouers vat
en wegdra soos 'n hond – hy 't nie gesing
aan die swart lied wat uit die kring
in die rook en stof gestyg het, maar gedink
aan die ou en helder verdriet wat klink
in die vroeër, yler liedere, en vermoed
dat daar veel kwaad in aantog deur die bloed
van sy besete mense was.

                  Maar nou
het Raka soos 'n hond pal om die kraal gehou:

geeneen het bedags die klein voetpaaie
gevat wat kronkel deur die draaie
van die blou bosse, of die grasruigtes of palmiet,
en nie sy swart lyf sien roer in die riet
of kreupelhout, of êrens soos 'n skildwag gestel –
maar in die nag as die bosapies skel
uit die donker klae, het hy óm die kraal
soos die ritseling van klein nagdiere gedwaal;
as die wit mis uit die water styg
en in die donkerte gras en blaar en twyg
langs die klam paaie tot 'n vaalte bind
wat soos lang drade beweeg met die wind,
het Raka uit sy lêplek opgekom en gegluur
na die gloed en die rooi strepe van die vuur
tussen die pale deur; en dan het hulle gehoor
ver en verdrietig, in die mis verloor,
sy huil soos van 'n dier, of skielik ná
en skerp sy strandjut-lag, dan klae
en sagte snorke weer, en laat
as die kole koud was en die rokie slaat
af grond toe van die swaar mis en smoor
die kraal en hutte bitter, het hulle gehoor
hoe hy hard in die nag aan die dun pale snuif.

'n Vrou het dan soms onrustig rondgeskuif
op haar matte, swaar van droom, en uit die stil
hut skielik helder uitgegil
van wellus en skrik, en daarna in halwe waak
geweet dat die groot dier naak
en rusteloos buite in die donker was.

9

2 *Koki*

In die silwer oggend toe die wêreld nog koel
en winderig was en net die kraal reeds 'n poel
van warm son, het Koki uitgegaan;
ver op die lande het hy die vroue sien staan
soos kraaie in die groen, waartussen blink
die nag se waters; maar hul gewink
en pla-pla-roep, die het hy nie gewaar,
en nie die mans wat van die kraalhek staar
waar hulle lui lê in die son of aan die slyp
van 'n skerp wapen was; hy het gegryp
aan die struike en lang snyruigte en weer gelos,
verwonderd om te sien hoe die sade of 'n tros
swart bessies in sy vingers bloedig was.
So 't hy die klam voetpad deur die gras
vinnig en skaars siende afgeloop
en moeitevol getorring aan die taai knoop
van sy gedagtes.
        By die skepplek in die warm klei
het hy die bruin kinders van die kraal gekry:
gehurk en skoon verlore, aan die speel,
met rye beeste en diere van die geel
droë modder: beeste met wit dorings
van die soet goudblom-mimosa as horings
ingesteek, renosters en die olifant
lomp afgerond deur 'n klein hand,
dié 't hy gesien en stil bly kyk.
Maar eer die kwelling ín hom glad kon wyk
voor die ver en teer verlange na die jare
toe hy kind was, het sy skrik gewaar
hoe die spel vanmôre anders was, hoe een
met dun vingers bewerig 'n been
gemaak het en afgerond en toe die romp,

swaarder as anders, daarbo die kop lomp
en belaglik, met oë diep uitgehol,
die mondgat uitgegrawe en skewerig vol
wit doringtande, en skaamteloos groot
die skaamte . . .
                    En in die warm sloot
oor die gehurkte ruggies het 'n angs gekom
wat soet en bindend was, en hulle het stom
saamgedruk en aan mekaar geklou
óm die mal pop. Maar een het nou
sag begin fluister: „Raka, die sterk man . . .‟
en al die kleintjies het in die ban
van die woorde gekom, en 'n vlies, 'n newel
van staar was oor die bruin ogies; hulle prewel:
„Raka, die sterk man, uit die groot waters.‟
Toe het een skielik opgevlieg uit sy maters
en die kleidiere plat met sy voet getrap,
almal het uitgeskreeu oor die grap
en opgespring en dol in 'n kring
gemaal en die leë liedjie gesing
en gedans op die speelgoed waaraan hulle hand
gestalte gegee het en grens en band,
tot alles voor Raka se voet gebreek
gelê het en trug in die klei geweek
waaruit dit gehaal was. Maar swaar ontstel
deur die klein waan van die troebel spel
het Koki toornig geskry en gevoel
dat Raka, Raka soos 'n swart poel
uit diep verborge oog gevoed,
aan 't opwel was deur die stil moed
en klaarheid van sy stam.
                    So 't hy gegaan
– en die kinders het verskrik 'n oomblik gestaan
oor die toorn van sy skouers en stywe nek –

11

trug langs die pad; die geel bek
en die vol klop-keel van die kokkewiet
het stil geword in die wit pluim van die riet
waar hy geloop het, en die sagte patryse
het verwilderd opgevlieg met 'n grys
geklapper van vlerke amper teen sy voet;
hy, soos 'n rank kolom – o, suiwer bloed
wat uit die aarde ná eeue opstoot
deur donker, nederige lae en nou bloot
en skoon, stralend, staan in die son –
of soos 'n warrelhoos wat lig en jonk
wandel oor die see se waters; koel lig
was om die edel skouers en die slank gewrigte
van heup en knie en enkel; die bruin huid
het glans gevang en afgesluit
in vlak aan vlak van donkering
en blank; die rug was glooi- en ronding
in vaste ewewig en maat . . .

O skoonheid van die lyf, jy slaat
óp uit die aarde soos die rooi vonk
uit die vuursteen spring; wild en jonk
is nog die skoonheid van die lyf op die swaar aarde
waaruit hy rank, hy ken sy waarde
nog half maar en die ver blom nog nie
waarheen hy groei en reik; maar dié
wat skoonheid en hoogheid dra as las
en ver verlange, is 'n vreemde ras
van mense en bloot aan veel gevaar.

. . . En eindelik het Koki aan sy hart gewaar
dat hy hier aan 'n grens was, ingeperk
teen iets wat donker is en dom en sterk . . .
dié môre het hy nie die pad geloop

na die skerp kalkrante waar 'n blink poel, oop
met enkele biesies nakend voor die son,
sy swemplek aldag was — 'n bron
so diep in die swart wortels van die rant
dat niemand van sy grond wis; kant
en wal gedurig vol, diep opgewel
en sonder inloop, skaduloos, maar koel
van eie diepte, en skerp omring
met steil onveilige klippe; geen ding
het daar geroer, slegs seldsame verdwaalde
manne het uit die dieptes enkele male
opborreling en kwaai opkook gehoor —
maar daglank was die water onverstoor
onder die warm lug, en stil,
en ongerep van giftige aal of krokodil
– 'n heilige poel, waarvan sy stam
sku weggesluip het in die klam
vertroude bosse en oewers dik
van geurige palmiet en warm slik;
maar daar het hy, verwate enkeling,
die hete middae jaaruit deurgebring
en uitgeswem deur die swart water
of roerloos gedryf met die koel geklater
soos van groot stroomversnellings uurlank in sy ore,
ruglings gestrek, sy oë verblind, verlore
in die glansland van lug en wolk;
of soms het hy geluidloos in die donker kolk
geduik, af, af, deur kouer skaduwees
langs strenger waterkranse, en met vrees
gekeer, maar sidderend van vreug, uit daardie nag
wat soos 'n week swart blom na die helder dag
en suiwer son hier seldsaam rank –
maar dié dag nie; hy 't bruin en slank
uit die bekende paadjies uitgeskry,

die waterstruike en riet deur, en verby
die klam oewerbosse sy koers gevat
waar daglank donker is en mis en die nat
blare druppel, tot hy later yl
van bome en blou van die skerp, geil
buffelgras die vlakte uit sien strek het;
maar altyd rusteloos nog voort met gerekte
treë onder die brandende naakte son
wat horison tot horison
met wit brand vul; en hy 't skaars gewaar
hoe die verskrikte wild maal en vergaar
in troppe, en klein diertjies voor sy voet
met angsogies en die skerp swart snoet
geplooi van skrik aan 't vlugte was,
val-haastig deur die taai en hoë gras . . .
tot voor hom op 'n sestig tree
lank en swart, Raka gestaan het. Die twee
het albei eers roerloos stil gebly:
die Swarte het bloed aan bors en bek gehad, en by
sy voete 'n sebra op die vertrapte plaat
– die fraai dier van die wit daeraad,
die snelste en skuuste dier –

                          maar toe hy Koki gewaar,
het hy aapagtig in die gras baljaar,
gebuitel met swart bene in die lug
en aangeskuur op sy en rug,
– soos 'n teefhondjie nederig is – genooi
om aan te sluit rondom die prooi
met klou en bek. Koki het stil
die vriendelikheid aanskou en koud geril,
en van die ding se sotheid omgedraai
– want sonder skild en skerp asgaai
het hy die veld gekies –; maar agter hom
het hy verwoede snork en voete hoor kom

toe hy wegdraai; hy 't omgespring –
en in sy steë het die groot ding
bly steek en grynsend truggetree,
verwoed, maar bang, en half verlee
oor iets wat so ver buite die begrip
van sy swaar brein was, en die swart lip
het weggekrul van die wit tande;
so 't Koki rugwaarts uit die lande
van die swart dierlikheid gekeer.

Dié aand het dit by die vure vrolik gegaan,
tot Koki in die geel gloed skielik staan
en praat: „Raka, die groot dier, moet dood."
Toe was die kraal 'n grys sloot
van stilte in die luide nag wat rond en om
in die warm oerwoud was: stom
en wit oë het oor die vure na hom gekyk.
„Die swart dier sal nie van julle wyk;
hy kruip na julle vure toe in die nag,
en waar julle kinders speel, hou hy die wag
tot niemand meer wild is vir sy bot hand;
maar dan sal jul hek se rieme en bande
op 'n vreemde nag slap word en los,
en Raka sal uit die bose bos
kom en tussen ons vure sit en bly.
Moet hy hier wees? Ken Raka, hy,
die sterk dier, ons fyn, fyn net
van die woord, waarmee ons blink en vet
visse uit baie waters haal?
Ken hy die vuurgeheim? Het hy die vaal
drade van die katoen leer spin en weef
en in die kleurpot week? Het hy leer leef
onder die wette wat ons oudstes sing?
Kan hy die pyl wet, en die dun lem bring
tot glans? Die snel dier moet dood,
of hy sal heers oor ons, en groot
en lang pyn bring." Sy woord het vuur
geslaan uit hulle kou klip, en in die stil uur
het die geskreeu die oerwoud kort laat swyg.
Maar toe die stemme in die smoor nog hyg,
toe Koki weer: „En ek sal gaan,"
want in dié skreeu het hy stil verstaan

dat dit sy krág was, nie sy woorde, wat hulle prys;
en toe die vuil geskreeu tussen die roke rys,
het hy begryp dat hy altyd eensaam met sy vrees
om kosbare dinge tussen hulle sou wees.

Toe het hy vinnig tussen die vure uitgespring
en alleen die groot dans in die leë kring
begin trap, die krygsdans van sy ras en sy bloed:
van onder het hulle die slagskadu in die gloed
van die lae vure sien swaai, maar die skrik
was toé om hul harte soos 'n hut, soos 'n strik
van taai tou; alleen hy
het ín sy blinde oë sien wei
die rooi bul van die bloed en die slag –
en wild gespeel in sy spiere se krag
voor die glansende horings en die blink snoet
wat bokant sy hande en oë woed.
So 't hy gedans . . .
                    en een het opgestaan
en nader aan die velling van sy wilde baan
getree en ook gedans; tot een vir een
die vrees soos 'n karos laat val en alleen
die danspas van sy stam ken; toe het skril
ook die klank van die óu lied opgetril,
tergend en yl soos bo die rat-tat van die skilde
die lang ry vegters die hoë, wilde
fluit-skreeu laat hoor; en almal het gedans
met oë en huid in die lae glans
van die nagtelike vure rooi gevlek;
Koki vooraan; die nat bek
en die bulk van die bul was bo en voor
sy oë en ín sy oor
soos die dreun in 'n hol tamboer se stam,
waar hy steier en ruglings stort op die kam

van 'n wilde golf, maar hy was alleen
met die blou grasruigte om hom heen
in sy bitter dans – die skerp gras
en die bul van die bloed wat oor hom was;
hy 't geeneen gesien van dié wat dans . . .
toe het skielik oor die pale en die geel skans
van die vure, helder en blink uit die nag,
naby, buite, Raka se lag
ópgeklink, en almal was stom;
en een vir een het hul uit die swart drom
teruggesluip na die koue vure
en die wit as, en geluister die kraak
van die takke en die skuur en die nagtelike waak
van die groot dier net buite die kraal.
Maar Koki het eensaam in die wye, vaal
ruimte gedans en net geweet
van die skild en die riet en die lem wat breed
sag wegraak deur die huid en vleis.

By die vure was woorde, oud en wys,
van, „Raka is vreedsaam," „Raka is nie sleg,"
„Soos hy gekom het, gaan hy ver weg
en geeneen sal weer van hom weet,"
„Hy is vol vreemde versinsels en vergeet
veel wysheid, veel vroeër smart en gevaar."
En toe die luisterende vroue die vrees gewaar
wat onder die manne se diep woorde skuil,
soos onder die slank riet die gladde kuil,
het hulle hart nog meer aan Raka geglo
in soet skrik en verwagting, en hul oë
het afwesig na die donker woud gekyk
waar die skoon sterk dier dwaal en uitreik
na hul lywe. Net Koki, hoog en eensaam,
het in 'n nuwe dans stil begin gaan

die pad wat geen mens terug kan loop:
die dans van dié wat sterf en geen hoop
meer wil hê in die soet lewe, 'n gang
soos van die stil sterre wat bokant hang
elke nag, die Wit Blom van die Skemer, en Hy,
die Blou Vuur in die Hond, wat die Bendes lei
tot die brandende see agter die groot strome –
hy het lig en binne 'n enkele droom
tussen die bruin volk gewandel, tussen staar en vrees;
en die rooi bees
het ver in die horisonte gewyk; maar hy
het die stil dans getrap en gegly
deur die blinde kringe soos die fyn draad
in die weefstoel lewe en 'n grys gewaad
se webbe met vreemde bewinge bind;
óm Koki was die grys wind
en die grys land sonder boom of gras,
en eensaam water wat branding was
tot teen ver kape. Sy lyf en voet
het stil soos die roer van die wit en soet
riet in die maat van die water gekom,
die wye baaie wat eers sy stam
se tuiste gewees het en nou nog sing
in spreekwoord en lied se herinnering:
die ewige kom en keer van 'n wand
wit water oor 'n eng grys strand,
die koue ópskuim tot aan die keel,
die trugdryf af in die blou en geel
diep dale agter die branders se ry,
en die stil spoel by die kape verby
in 'n sterker vloed.
    En hulle het gewag,
gehurk oor die koue as die lang nag,
toe hy ná die dans van die rooi bul

die dans van die groot water wat die aarde vul
in die heilige kringe gewandel het, en laat
by die vuur gaan lê het tot die geel daeraad.

Oor 'n groen poel wat stil en dik
was van die bronslaai en die warm slik
het Raka op die lou voormiddag geleun
om soos 'n bees te drink, en lui gesteun
van genot, die swart hande diep ingegly
in die meel-sagte wortels en die pappery
wat deur sy vingers borrel; en, toe hy sat
en swaar was van die suip, het hy in die koel gat
sy lyf laat insak, afsak, en gevoel
hoe die stink belle langs hom kruip en bo die poel
se dik room breek. Dít was sy gebied,
hier waar die boomwortels in die droë riet
en papkuil van die stroom se dooi bogte rank,
en die hele warm dag die soet stank
opstoom langs die rand van die woud. Dan het hy uit
die water gestyg en die glimmende huid
met 'n poot gestryk dat die druppels straal
op die waterplante, en met lang hale
oor die taai suiggrond na die bosse gestap.
Soms het hy skielik met 'n blitsklap
na 'n groen of 'n goud-blou tor gegryp
wat oral pyl, en dit stukkend geknyp
in die dor dop, afwesig en dom,
en só uit sy vingers laat val; en dan stom,
begriploos gestaar na 'n tros wit en suur
wasblomme, groot soos hande en puur
ster-vormig téén die donker glim
van die eerste liane wat hier klim
aan die voorste bome – en uit die tros
'n klomp wit kelke geskeur, en gelos
uit die swart poot. Sy gang was traag
oor die week mos – waar die bessies laag

aan die struike gesit het, wou hy skaars buk
om die trosse uit die dorings af te ruk
en stadig te kou tot die blou sap
van die bek oor die bors in die blare tap –
want die vrees wat elke dier sku en snel
in die oerwoud maak, die 't hy nié geken,
net die swaar drif. Toe 'n klein bosding,
'n vaal apie, lig uit die takke spring
en oor die oop leegte en die blare pyl,
half vrolik-verskrik, het die soet kwyl
in sy mond vir Raka laat spring en vang:
maar toe die slap diertjie in sy poot hang,
het hy net gesnuiwe en dit sag laat val.

In hierdie tussenland van woud en wal
van die groot rivier, in die warm bog,
het hy daglank in die poele gerol soos 'n log
boomstam wat, verdrink en verrot,
swaar in die stil water wieg; of hy 't bot
in die bosse gedwaal, tot die skielike steek
van die honger hom wek om die peule te breek
uit die donker-groen takke, of kwyl-kwyl te draf,
lus vir bloed, na die vlakte waar die eland en die giraf
en die wildebees in die skerp grasveld wei,
aanmekaar . . .
                        en as die honger weer stil was, het hy,
swaar en triestig, 'n ander drif
sy are se somber bloed voel skif,
en dan 't hy die mense se ruik gesoek
en óm hulle wonings gehou – aan 'n doek
in die gras gesnuiwe of aan 'n skerf
van 'n stukkende pot. En in die môre as die werf
met kinders en honde begin roer, het hy óp
uit sy lêplek buite die kraal gestaan

en trug in die lou kanette gegaan,
en later na die mere en ver poele;
só ook die dag toe Koki in die swoel
klam woud die groot ding sou soek . . .
Want toe die môre wit was aan die oosterkim
en die dagster bo die bome net 'n skim
van bleekte, het hy opgerys en die swaar vrees
vir sterwe van hom afgedoen – soos een wat genees
raak van 'n wond, een môre opstaan van sy vuur
en bewerig nog, 'n warm uur
teen die hekpaal sit en die wêreld aanskou
as iets vreemds wat skaars aan sy hart nog hou –
so het Koki geloop en die lang skild gehaal
en met houe getoets, en die harde en vaal
beesvel gesmeer en gebrei met die hand
tot dit buigsaam en taai was teen poot en tand:
hy wis dat die wapen nie pyl of lem
was wat spat van die harde, ver-klinkende vel,
maar iets naders. En toe 't hy die blink asgaaie
se punte oor die gladde slypsteen laat draai
in die nikkel boë van 'n halwe maan
soos sy vaders geleer het, tot die lem kon gaan
lig oor die palm en die bleek vel sny,
maar die voorpunt nog styf was; en aanhoudend het hy
die sterflied van sy stam, nie die krygslied, gesing,
want Raka 't hy geweet was 'n vreemde ding,
meer as 'n dier, maar nog nie mens,
iets dodeliks en duisters, aan 'n troebel grens,
vir denke of daad onseker.
                              En sy bruin stam
het sku in 'n wye kring gedam
– die kinders stil – of elkeen apart
sy dag se werk gesoek, verward
en vol peins by die vleg van die goue tou

of die knoop van die nette, en skaam onthou
die nag met sy wilde dans;
                         maar hy,
toe die lug sy eerste middagwolke kry,
was klaar met die wapens, en toe het hy vas
aan elke knie die silwerbont kwas
– wit en swart – met die nael-dun rieme gebind,
die kwaste wat speel en beef op die wind
van die krygsdans soos springbokke wit-wit pronk,
en van sy hut af, heerlik en jonk,
met die groot pluim in sy hare gestap
na die hek toe, singend, en die dans getrap
van die rooi bul in die skerp blou gras;
geen woorde wou hy meer laat tot 'n las
op die harte wat aan Raka glo.

Húlle 't hom skamerig gevolg oor die warm en droë
stof van die kraal en nágestaar
hoe hy daal met die voetpad en dans deur die swaar
blou ruigte en riete naby die bos;
maar dié middag het die visnet los
langs die half-gevlegte matte gehang,
en die oond waar die potte van klei in lang
bruin rye tot groen-gladde hardheid brand,
het koud geword, want die hout en die hand
het ontbreek, en oral was luide gepraat
van Koki en Raka en die dwaas daad,
en die geeste se toorn.
                    Maar *hy* het sy dans
na die bosse gerig, tot die middag se glans
op die blink asgaaie en die glimmende huid
in die gange verdwyn het, en net die geluid
van sy sing nog klein was.
                    Maar in die klam bos

het hy stiller geloop oor die stinkende mos
en die blare en dikwels gestaan om te hoor
of 'n tak êrens breek, en gesoek na die spoor,
'n vars spoor, van die swarte, in hierdie koers
waar die skreeu verlaas in die nag, omfloers
deur die oerwoud, vér geskater 't.
                                                En nou
het Koki strak deur die klam tonnels gehou
van die stilste bosse waar die takke bo,
verward gestrengel, in die digte, hoë
wasdom saamklou, en die helder dag
skemerig en vol drup is; maar sy wag
en luister het geen geluid gevang
as net die drup-drup en die lang
klae-skreeu van 'n sku bosvoël êrens ver;
en skaars het hy gesien, soos 'n klein ster
wat val, die flits van 'n rooi papegaai
tussen stam en stam; en toe 't hy weggedraai,
toe hy niks vind, na die kant van die vlakte toe,
peinsend waar hy Raka sou kry, en hoé,
en peins-peins deur die digte ranke gebreek
van die swart bosse en die blomme skarlaken-rooi of bleek
wat in die nag die sagte motte lok.

En nou 't hy oor die oper leegtes gegaan
en blare, waar die bome enkelder staan,
en kleurige klimop tot die kruine rank . . .
tot die rand van die vlakte waar hy lank
oor die wye middagwêreld uitgetuur 't:
of die Swarte te sien was; maar die stil uur
van die hitte was daar, en die ver bome ongewis
met die eerste opdamp van die namiddagmis
en die oerwoudreën; en nêrens het hy hier
Raka gewaar nie – die vaal vlaktediere

het stil in die skadu's gestaan of gewei.
Toe 't hy weer die smal paaie gesoek wat lei
deur die oewerbosse na die groot rivier,
en Raka, Raka, die skelm dier
wat uitloer ágter die groen kuil,
of onhoorbaar agter die ranke skuil,
het ín hom gemaal, in sy ore geklop,
en telkens wou hy die swart kop
in 'n struik sien of in 'n digte tros
geel blomme en bessies . . . tot hy eindelik los
uit die bome geworstel, die silwer boog
van die breë water uit voor sy oog
sien strek het; en hier 't hy die nat spoor
gekry in die modder en gevolg en verloor
in die poele en weer gekry – die swaar ding
se sleepsel waar hy breek en plas en dring
deur die hoogste riete – en Koki het getrap
in die baan van die spore oor die wit krap
en die vissies wat pal in die lou water hou
van die vlak plasse; die snygras 't geklou
aan sy knieë, en die bont klosse afgeskeur
waar hy deur die verbuigde skuins riete beur.
En stilstaan en luister, dan het hy alleen
die visarend se skreeu bo die water verneem
en die styg van die swart borrels aan sy voet;

maar toe hy kyk na sy vingers en die yl bloed
wat die snyruigtes gelaat het, het die groot dier
skielik, geluidloos, uit die warm wier
en die slik opgestaan en wit gelag.

5 *Die Nag*

Dié nag het die vure hoog gebly
en gegloei deur die pale wat die swart bosse skei
van die klein kring menslike lig en vlam,
en geeneen het geslaap voor die donker dam
wat dreig om óór hulle in te stort,
want Raka het skreeu-skreeu gekom tot kort
teen die kraal, waar hul soms in die gloed
deur die skrewe kon sien, en iets bruin soos bloed
oor sy bek en sy bors en sy breë maag,
en sy skreeu was woes van pyn en wraak.
Maar met die môre het hy stil weggesluip
en hulle het een-een styf na die pale gekruip
om te kyk of dit skoon was, en gesien die geel gras
wat tot téén hul skans verflenter was,
vertrap en gepluk en rooi besmeer
aan die stingels . . .
           en eers toe die middagwolke weer
soos sneeuberge half-pad hoog teen die lug
gestaan het – die uur van die verste vlug
van die mens se vrees vir die bose nag –
het dertig man uitgegaan soos vir die jag,
met skilde en asgaaie en warm kole in 'n kruik
om die vyand te verskrik met die rook en die ruik
van die groot grasbrande; en digby mekaar
langs die wal van die breë water af het die skaar
na Koki gesoek. Teen die skemering laat
as die vrees vir die nag weer luid slaat
aan die hart van 'n man in die groot bos,
                    't hulle hom gekry
in die verskeurde papkuil en die poel waar hy
half in die modder getrap, op die skag
van sy stukkende spies gelê 't, en die krag

en die woede van die swart dier kon hulle sien
aan die liggaam en die spore en die pap riet
en die skild wat geskeur was en diep ingetrap
in die koue klei . . . maar bloed het ook getap
en bruin gestol op waterplant en blaar
langs die sleepsel waar die Swarte swaar
deur die moeras gebreek het na die digte woud;
toe het hulle haastig vir Koki wat koud
en styf was soos 'n bok, op die skouers gelig
en die kraal gesoek: in die laat lig
het die vroue die stoet van die hek af gewaar,
en hard gehuil en met dom misbaar
na die hutte gehardloop toe die manne hul vrag
inbring en aflaai;
                    net een het deur die nag
toe die dodefees luid by die bierpotte was,
langs die stil Koki gesit en met pluksels gras
sy liggaam gereinig waar hy gebreek was en bevuil
deur Raka, die bose; en sy het nie gehuil –
die oudste van die vroue wat veel bewaar
van die stam se herinnerings en van sy swaar,
en met hul liedere die kinders en die jong seuns voed
soos aan 'n naelstring van sagte, kloppende bloed
in die skemeraande – sy 't stil gesing
voor haar uit van die heilige, glansende kring
van geboorte en dood en geboorte en dood;
van die vroue se wag en hul pyn; en die groot
skoonheid van die dapper man in die stryd.
En toe 't sy gesing van die ver tyd
toe Koki se vader 'n sterk man was,
en hy self, 'n kind, met die klein kwas
aan elke knie, die bendes gelei 't
van die seuns deur die riete en deur die nabye
grasruie plate; en toe 't sy genoem

die skoonheid van sy skouers, en sy snelheid geroem
in die jag en die stryd, en sy lengte, sy rug,
sy pragtige bene, sy bors en die vlug
van sy blink asgaaie . . .

                 en luider het haar lied
geroep van die jong ryp vroue se verdriet
en die kinders wat hy nooit, nooit meer sal hê;

en toe 't sy die swart dier genoem wat lê
in die nag en die plasse, en Koki se moed,
en die speel van sy wapens en die trots voet
wat nooit stil by die pale van die hek kon bly:
hoe hy úitgedans het om in die swart woud te stry
teen iets wat beestelik en magtiger is,
en hoe hy sy bruilof in die koue duisternis
van die groot moerasse gevier het.

                 En nou
het sy die lied stil en laag gehou:
van die verlore menslikheid; van die klein kraal
wat in die swart bome lê en snags straal
met sy vure; en sy 't gekla: wie hom nóu sal red
teen die groot dier wat wag, wié sal belet
dat hy inkom en heers ?

                En stiller en sagter:
dat die skoonste gesterf het, dat die edelste wagter
koud lê langs sy vuur, en sy stam lê oop
soos 'n óu kraal in die gras waar die jakkalsies loop
deur die riete bedags.

               By die bruin potte bier
het hulle anders en luid die dodefees gevier,
die manne wat saam met Koki die jag
en die stryd geken het, die geheim en die krag
van die heilige kraal – want Raka was stil
buite die pale, en dié wat gaan luister 't het alleen skril

onverstoord in die gras die krieke hoor skree –
maar die manne het een-een in die gloed getree
uit die duister kring, en saam met die klop
van die hol tamboer 'n dans getrap
van die dood, die dood, en die swart skrik
wat 'n sterk man klem, 'n dans strak
van gespanne spier en blinde staar:
'n bewing wat met rukke roer
deur die staal draad van die krom rug
in 'n kramp van waansin oorgepluk
na ágter soos 'n taai boog,
'n trilling van die enkels laag,
'n dans van byna roerloosheid
wat bínne in die harde lyf
verterend soos 'n vlám staan
en nooit na buite uitslaan.
En by dié dans was daar geen lied,
en nie die óu en helder verdriet
om die sterwe en om die skone held:
net die klop van die trom en die stil geweld
van die glansende voete in die vure se gloed.

Maar toe 't 'n ander koors deur die wilde bloed
van die manne gevaar, en een het geskreeu
van Koki se krag, van die Vaal Leeu;
en die wilde drom het saam gespring
oor die vure ín in die eng kring
van die heilige dans en woester beweeg
en die woorde herhaal, skril en leeg,
van Koki se ratsheid, sy groot krag;
en toe 't die dronk woord uitgelag
hoog bo die fees en hul wilde spel:
,,Maar Raka was sterker, *sy* voet so snel
soos 'n voël, soos die wild deur die vlakte loop.

Die swakste moes buig." En oor die swart knoop
van die dansers het die nuwe gesang
van die krag en die groot dier luid gehang
in 'n dronk en blinde vergetenheid . . .
maar toe was Raka met sy apespring
skielik groot in die lae vure se kring:
die hek se rieme was slap gebind
waar die Swarte reeds in die vrou en kind
en die woord van die manne se liedere was –;
en sy pyn en woede was 'n smal pas
deur sy vrees vir die vuur, deur die paal, deur die hek
met sy taai rieme na die helder plek
waar dié wat hy haat, was; en die dans 't nog getril
in die voete, en die swart lied is saamgegil
met die eerste krete, toe 't die bloed geloop
deur die dampende as uit die warm hoop
waar die sterkstes gelê het;

                       maar die vroue het gevlug
met lang geskreeu in die hutte terug
en die agterste hoeke, en heelnag die wraak
van Raka en Raka se donker waak
in die kraal verneem; sy snork, sy draf,
en die skreeu van 'n vrou se pyn skielik, die blaf
van 'n vasgekeerde hond, kort en benoud . . .
en daar waar Koki se liggaam koud
en stil in die gras was, die harder gebrul
van die nuwe woede, wat die hutte vul,
en die breek en die skeur.

                   In die môre vroeg
het hy naby die hek gelê, slu, en moeg
maar waaksaam; en opgestaan later
toe dit warm word, en uit die potte die water
gedrink en weer by die hek gaan wag;
en ná die dag se hitte en die lang nag

en die skrik, het honger en dors, dié twee,
die slawedrywers, hulle maar gedwee
en sku om water en om kos laat gaan;
en Raka, die skelm dier, het opgestaan
en hulle laat loop, en self náby gaan jag;
maar niemand het gewaag om met een slag
die smal hek ooit weer teen hom te sluit.